MANUEL VALLS

CANCIONES SEFARDITAS

PARA SOPRANO, FLAUTA Y GUITARRA

UNION MUSICAL EDICIONES S.L.

CANCIONES SEFARDITAS

MANUEL VALLS

I. LA ROSA ENFLORECE

22029   Depósito Legal: M. 8559 - 1985

re — — ce su - frien — — do del a -

mor. _____ Mi al - - ma se es - - cu -

re — — ce su - frien — — do del a -

mor. _____

II. VEN QUERIDA, VEN AMADA

III. ADIO, QUERIDA

A- di-o que - ri - - - da   No que-ro la

vi - - - da   Me l'a-mar-gas - tes tú

D.C.

8

IV. DURME, DURME

22029

V. PAXARO D'HERMOZURA

VI. ABRIX, MI GALANICA

VII. IRME QUIERO, LA MI MARE

VIII. YA VIENE EL CATIVO

Ya vie-ne'l ca - ti - - - - vo con

to - - das las ca - - ti - - - vas

F.

Dien - tro de e - - - - llas es - tá la

C.

G.o V.

F.

blan - ca ni - - - - ña. ———————————

C.

G.o V.

IX. YO M'ENAMORÍ D'UN AIRE

Lin - da de mi co - ra - zón ———————— lin - da de mi co - ra-

zón. tra la la la la la la la la

tra la la la la la la la la. Lin - da de mi co - ra-

zón ——————— lin - da de mi co - ra - zón ———————